I0779745

GUÍA PRÁCTICA DE CONCEPTOS FINANCIEROS

Aprenda fácil y sin tecnicismos acerca de los servicios bancarios y financieros, no permita que alguien más decida por usted sobre su dinero.

JUAN M. HIDALGO

Este libro está dedicado a todo aquel que valore en
lo sencillo y práctico una orientación útil, capaz de
identificar el mejor camino a partir de las bases del
conocimiento hacia lo complejo.

ÍNDICE

AGRADECIMIENTOS

Gracias a mis padres que se esforzaron tanto para que yo fuera una persona de valor y educada.

A mi mamá, Ana María Durán, quien además de darme siempre los mejores consejos en cuanto a lo financiero y la vida en general, se tomó el tiempo para revisar este libro con gran diligencia.

A mi esposa Vivian Rojas, mi amada compañera de emprendimientos y sueños, quien además me dio su apoyo incondicional y motivación desde el surgimiento de mi idea con este libro.

A mis hijas preciosas, que gracias a ellas me levanto de mi cama todos los días con esa motivación necesaria para tomar el mundo con mis manos y luchar por progresar lo más posible.

Y por último no menos importante a mi tío, Rodolfo Durán, quien me ha obsequiado su tiempo para leer y corregir este libro con sus conocimientos y gran trayectoria de economista.

INTRODUCCIÓN:

GUÍA PRÁCTICA DE CONCEPTOS FINANCIEROS

"Cuida de los pequeños gastos; un pequeño agujero hunde un barco".

(Benjamin Franklin)

Este manual está diseñado para cualquier persona interesada en administrar su patrimonio económico de manera efectiva, sin la necesidad de sumergirse en un mar de información académica sobre economía, para así tomar decisiones inteligentes pensando en el futuro largoplacista y no en consumir algo con recompensa inmediata a partir de una firma en un formulario diseñado para las masas.

La educación financiera y en general los conceptos bancarios no se enseñan en la primaria ni secundaria, así que, si usted no cursó una carrera técnica o universitaria afín con finanzas o economía, es probable que tuviera que aprender empíricamente los conceptos que este libro expone. En este sentido, esta guía práctica surge como una respuesta necesaria. Su objetivo es proporcionar un manual conciso y accesible que abarque de forma práctica y comprensible todos estos conceptos financieros.

Navegamos por la vida escuchando noticias económicas, adquiriendo productos bancarios, invirtiendo en el mercado de valores y cayendo en esquemas piramidales, sin tener una comprensión precisa de dónde estamos colocando nuestro dinero y qué ventajas reales nos brindan estos servicios financieros. Nos da vergüenza admitir nuestra ignorancia frente a temas que supuestamente son básicos, y me doy como ejemplo:

Al comienzo de mi vida adulta y con la entrada al mundo laboral, me surgió la idea de obtener un préstamo hipotecario para adquirir una vivienda, y creyendo que cierto banco por utilizar lemas enfocados al desarrollo y bien social, me iba a dar la mejor opción de hipoteca, en ese momento le confié todas las decisiones acerca del préstamo que estaba adquiriendo al agente del banco, sin la posibilidad de negociar algo que supuestamente contaba con "las mejores condiciones del mercado". En cada ocasión en la que necesitaba utilizar servicios bancarios o invertir mis ahorros, siempre aparecía alguien ofreciendo condiciones supuestamente favorables y trámites simples. Sin embargo, debido a mi falta de experiencia y conocimiento en asuntos financieros, me avergonzaba preguntar y me sentía excluido por no aprovechar esas "oportunidades financieras".

No soy un experto en economía, pero sí soy un profesional en el área de la tecnología y un emprendedor con negocios exitosos, que ha tenido que aprender a través de una extensa investigación y experiencia a utilizar y lidiar con el sistema financiero y su maraña de servicios. Además, me interesa mucho mantenerme informado sobre la economía y las finanzas, no solo a nivel nacional, sino también a través de fuentes confiables de todo el mundo. Considero que tengo una buena comprensión de los conceptos que este libro propone, que además, son esenciales para que cualquier individuo conozca y estudie, con el fin de convivir eficazmente en la sociedad sin experimentar los problemas económicos que pueden surgir al no tener al menos un conocimiento básico de los términos que este libro enseña.

Este libro, que presento de manera práctica y de lectura accesible, no se trata de un libro de autoayuda ni de consejos financieros. En cambio, guía al lector a través de conceptos fundamentales de la economía y las finanzas que a menudo nos resultan conocidos, pero ignoramos algunos detalles. Su objetivo es abordar estos principios, permitiéndonos tomar decisiones más informadas sobre dinero, préstamos, inversiones y cálculos de ganancias o comisiones.

CAPÍTULO 1:
LAS TASAS DE INTERÉS

"El futuro económico, y no económico, de una persona lo determina más la buena o mala gestión del dinero que haga esa persona que los ingresos que llegue a tener a lo largo de su vida".

(Gregorio Hernández Jiménez)

¿Qué es la Tasa de Interés?

La tasa de interés puede definirse como el costo que debe pagar por usar el dinero de otra persona, o bien como la ganancia que usted recibe por permitir que otros utilicen su dinero. En esencia, una tasa de interés es un porcentaje que se aplica a una cierta cantidad de dinero durante un período de tiempo específico.

Acá es necesario hacer un paréntesis, y ver el concepto de inflación y deflación para adentrarnos en los tipos de tasas de interés.

Comprendiendo La Inflación

La inflación es un fenómeno económico que se caracteriza por el aumento generalizado de los precios de bienes y servicios en una economía durante un período de tiempo. Esto significa que, en promedio, los precios de los bienes que consumimos, como alimentos, ropa y vivienda, están en constante alza. En otras palabras, la inflación disminuye el poder adquisitivo de nuestro dinero al hacer que cada unidad monetaria compre menos bienes y servicios. Su contraparte es conocida como deflación, que se refiere al caso inverso, cuando cada unidad monetaria incrementa su valor, y ocurre lo contrario de lo explicado.

Tasa Nominal y Tasa Real

Tasa de Interés Nominal:

Estas son las tasas anunciadas por las entidades bancarias y no tienen en cuenta la inflación. En otras palabras, no reflejan el poder adquisitivo del dinero cambiando con el tiempo.

Tasa de Interés Real:

Estas son las que se deben tener en cuenta por parte del usuario antes de pedir un préstamo. La tasa de interés real se calcula restando la inflación de la tasa de interés nominal, es decir, refleja cómo se acumula el interés con el tiempo y nos da una idea del coste real un préstamo y el rendimiento de un ahorro.

Tasa de interés real =

Tasa de interés nominal – Inflación

Las tasas de interés se calculan anualmente, pero tenga en cuenta que algunas entidades financieras proporcionan información mensual para dar una impresión más atractiva de sus productos financieros (cuando realmente no lo son). Por ejemplo, en una tienda de electrodomésticos, asumiendo que tenemos una inflación normal del 3% anual, le promocionan el precio de un artículo a crédito junto con el pago mensual correspondiente con un interés del 4%, pero note que ese interés está dado mensualmente, se necesita multiplicarlo por los 12 meses, que son los equivalentes a un año, aquí estaríamos hablando de una taza del 48% (o tasa real del 45% si restamos el 3% de la inflación)

Tasa Variable y Tasa Fija

Tasa de Interés Variable:

En general, este tipo de tasa de interés parece atractiva y más baja al adquirir un préstamo. Sin embargo, fluctúa con el tiempo y se ajusta según las condiciones del mercado financiero. Por ejemplo, en un crédito de tasa variable, los pagos mensuales pueden aumentar o disminuir en función de las variaciones en una tasa de referencia, como la tasa de Política Monetaria TPM (la tasa de interés oficial emitida por el banco central de cada país). Esto implica cierta incertidumbre para el deudor, ya que los pagos pueden volverse impredecibles.

Tasa de Interés Fija:

Por otro lado, la tasa de interés fija permanece constante durante la vigencia del préstamo. Esto proporciona estabilidad a los deudores, ya que los pagos mensuales son previsibles y no están sujetos a cambios.

Acá se debe notar que siempre la tasa de interés fija, al inicio de un préstamo es mucho más alta (menos atractiva) de que la tasa variable, esto debido a que la entidad financiera debe de cubrirse de cualquier incremento de la inflación durante el plazo del préstamo.

¿Cómo las Tasas de Interés Afectan Préstamos y Ahorros?

Préstamos:

Cuando solicita un préstamo, como para comprar un automóvil o una vivienda, debe pagar intereses. Cuanto más alta sea la tasa de interés, más costoso será el préstamo. Las tasas de interés bajas (por debajo del 10% anual, tomando en cuenta niveles de inflación entre el 2% al 4%) benefician a los deudores, ya que implican menores costos por el dinero prestado. Note siempre calcular la tasa de interés real, para saber con más exactitud si se trata de un buen préstamo.

Ahorros:

Si tiene dinero en una cuenta de ahorros, las tasas de interés también son importantes. Una tasa alta significa que obtendrá más ganancias con sus ahorros. En contraste, tasas de interés más bajas equivalen a menores ingresos.

Termómetro de Tasas de Interés: ¿Cuándo son favorables o no?

Es fundamental estar atento a las tasas de interés en diferentes etapas de su vida financiera para tomar decisiones informadas. Aquí hay algunas pautas sobre cuándo las tasas de interés son favorables y cuándo no lo son:

Tasas Bajas de Interés:

Beneficiosas cuando busca financiar grandes compras, como una casa. Los préstamos son más económicos, lo que implica menores intereses a pagar.

Tasas Altas de Interés:

Beneficiosas si está ahorrando dinero. Sus ahorros generarán más intereses y crecerán de manera más rápida. No es recomendable adquirir prestamos en estos periodos de tiempo

Economía General:

Las tasas de interés tienden a ser bajas durante las recesiones económicas y altas durante los períodos de auge. Esto debería influir en decisiones como la compra de una casa (adquirir un préstamo) o la inversión en el mercado de valores. También tenga en cuenta que los gobiernos ajustan las tasas de interés como parte de su estrategia para controlar la inflación. Por ejemplo, en tiempos de alta inflación, suben la tasa de política monetaria (TMP) para reducir la circulación de dinero, y con esto poder así controlar la inflación hasta llegar al punto deseado, normalmente entre un 4% al 2% anual. Por otro lado, en tiempos de inflación baja, reducen las tasas de interés para incentivar el gasto de la población.

Note que por norma general las tasas de interés se calculan anualmente, esto es importante para calcular sobre el tiempo cualquier porcentaje que se le ofrezca. Comprender las tasas de interés le dará una ventaja significativa al tomar decisiones relacionadas con préstamos, ahorros e inversiones. En los siguientes capítulos, profundizaremos en cómo puede emplear estas tasas de interés para tomar decisiones financieras más estudiadas.

CAPÍTULO 2:

EL INTERÉS SIMPLE Y COMPUESTO

"No pongas tu interés en el dinero, pero pon tu dinero al interés".

(Oliver W. Holmes)

Interés Simple:

Imaginemos que tiene una cantidad de dinero que decide invertir en un banco. El banco le ofrece un interés simple, lo que significa que usted gana una suma determinada de dinero cada año en función de un porcentaje fijo de su inversión inicial. A este porcentaje fijo se le llama tasa de interés simple.

Cálculo del Interés Simple

La fórmula para calcular el interés simple es bastante sencilla:

Interés Simple = [Principal (la cantidad de dinero inicial) × Tasa de Interés] × Tiempo (en años)

Por ejemplo:

Supongamos que tiene $20,000 y opta por invertirlos en un banco que le otorga un interés simple del 5% anual. ¿Cuánto habrá ganado en interés simple después de 3 años?

$$\textit{Interés Simple} = (\$20{,}000 \times 0.05) \times 3\,\text{años} = \$3000$$
$$\textit{Total del capital} = \$20000 + \$3000 = \$23000$$

En consecuencia, después de 3 años, habrá obtenido $3000 en interés simple, sumando la inversión del total del capital este sería de $23000.

Interés Compuesto

En el interés compuesto, a diferencia del interés simple, sus ganancias no solo se basan en la inversión inicial, sino que también se calculan sobre los intereses previamente acumulados. En otras palabras, sus ganancias generan más ganancias con el tiempo.

Ejemplo de Interés Compuesto

Imaginemos que tiene los mismos $20,000 y los invierte en una cuenta que ofrece una tasa de interés compuesto del 5% anual. La diferencia radica en cómo se calcula el interés compuesto, ya que toma en cuenta el capital que se va generando con los años para calcular el interés año con año:

- *Año 1:* $20,000 + ($20,000 × 0.05) = $21000
- *Año 2:* $21000 + ($21000 × 0.05) = $22050
- *Año 3:* $22050 + ($22050 × 0.05) = $23152

Después de 3 años, tendrá $23152 en lugar de $23000 como con el interés simple. Puede notar que, con el interés compuesto, ganó un poco más gracias a esta cualidad de acumular el capital para generar el nuevo cálculo año con año.

Aplicaciones Prácticas

Ahorros: Cuando guarda dinero en una cuenta bancaria, generalmente obtiene interés compuesto, lo que acelera el crecimiento de sus ahorros con el tiempo.

Inversiones: En el mundo de las inversiones, el interés compuesto es su aliado más valioso. Cuanto más tiempo permita que sus inversiones crezcan, más ganancias obtendrá gracias a este efecto.

En resumen, el interés simple es fácil de comprender y calcular, pero el interés compuesto tiene un poder aún mayor a largo plazo. Comprender estos conceptos le ayudará a tomar decisiones financieras más informadas y a hacer que su dinero trabaje para usted.

CAPÍTULO 3:

HIPOTECAS

"No compres cosas que no necesitas, con dinero que no tienes, para impresionar a gente que no te importa.".

(Dave Ramsey)

¿Qué Implica una Hipoteca?

Imaginemos que ha encontrado la casa de sus sueños, pero no dispone de la suma completa para adquirirla de inmediato. Es aquí donde entra en acción la hipoteca. Esta es un préstamo que se obtiene de un banco u otra entidad financiera para comprar una casa. La casa misma se convierte en la garantía o "colateral" del préstamo, lo que significa que, si no puede cumplir con los pagos del préstamo, el banco tiene el derecho de tomar posesión de su casa. Comprender a fondo cómo funcionan las hipotecas es fundamental para evitar complicaciones financieras a largo plazo.

Amortización Hipotecaria

Al obtener una hipote ca, el banco le proporciona una suma de dinero para adquirir la casa, a este dinero le llamaremos el capital. La amortización es el proceso de reembolsar esa deuda con el tiempo, generalmente a lo largo de 15, 20 o 30 años. Cada mes, realiza un pago que abarca una porción del capital (el dinero prestado) y los intereses.

Tablas de Amortización y el Cálculo de Pagos Mensuales

Las tablas de amortización son herramientas útiles para comprender cómo se distribuye cada pago mensual. No entraré en detalle sobre cómo hacer estos cálculos, porque van a variar de acuerdo a la entidad bancaria y los servicios asociados al préstamo, como son los seguros, que también van incluidos en la mensualidad. Estas tablas detallan cuánto de su pago se destina al capital y cuánto a los intereses en cada período. Aquí tiene un ejemplo:

Supongamos que posee una hipoteca de $200,000 a una tasa de interés del 4% a 30 años. Utilizando una tabla de amortización o una calculadora de hipotecas (que el banco le debe de proveer), puede calcular que su pago mensual es aproximadamente de $954.83. Inicialmente, la mayor parte de este pago se destina a los intereses, pero con el tiempo, este pago mensual se aplica en mayor medida a la amortización del capital. Esto debido a que la entidad financiera se cobra los intereses de primero y paulatinamente va amortizando la deuda.

Ejemplo Gráfico:

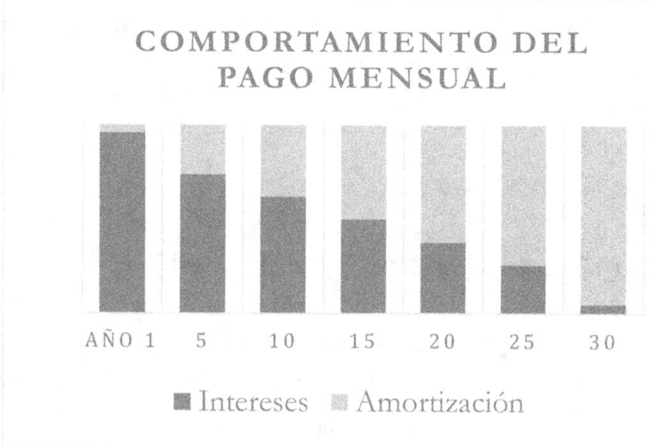

Estrategias para Acelerar la Amortización Hipotecaria

A pesar de que es común pagar una hipoteca durante los años estipulados, existen estrategias que le permiten acelerar la amortización y ahorrar dinero en intereses. Algunas de estas técnicas abarcan:

Pagos Adicionales o Extraordinarios

Realizar pagos extra al capital cuando sea posible, incluso si son modestos, reducirá la duración de la hipoteca y le ayudará a economizar en intereses. No todos los contratos de prestamos incluyen esta facilidad, así que es de mucha importancia negociar esta clausula en caso que no este presente en su contrato del préstamo.

Pago Quincenal en Lugar de Mensual

Optar por hacer medio pago cada quince días en lugar de uno mensual le permite efectuar un pago adicional al año, acelerando la amortización.

Aprovechar Ingresos Inesperados

Utilizar bonificaciones, reembolsos de impuestos u otros ingresos imprevistos para hacer pagos adicionales a su hipoteca.

Refinanciación

Si las tasas de interés disminuyen considerablemente, la opción de refinanciar podría brindarle una tasa más baja y un ahorro a lo largo de la vida del préstamo. Note que debe hacer un análisis del costo beneficio, ya que esta opción le puede traer costos adicionales, tales como comisiones bancartias por adquirir un nuevo préstamo, peritajes, etc.

CAPÍTULO 4:

CUENTAS BANCARIAS Y BALANCES

"No es pobre aquel que menos tiene, sino aquel que desea más.".

(Séneca)

Las Cuentas Bancarias

Una cuenta bancaria es como el epicentro de sus asuntos financieros. Constituye un refugio seguro para su dinero y el espacio donde realiza sus operaciones financieras. Las dos categorías principales de cuentas son:

Cuenta corriente (o de cheques)

Le permite emitir cheques y utilizar una tarjeta de débito para realizar pagos y retiros.

Cuenta de ahorros

Se destina para guardar dinero que no se planea utilizar de inmediato. Puede generar intereses, aunque generalmente en menor medida que una inversión.

Estrategias para Evitar Sobregiros y Cargos Bancarios

Sobregiros

Un sobregiro sucede cuando retira o gasta más dinero del que tiene en su cuenta, lo cual puede desencadenar costosos cargos. Para evitar sobregiros en sus cuentas usted debe tomar en cuenta estos consejos:

-Lleve un Registro: Mantenga un registro detallado de todas sus transacciones y saldos para conocer siempre su saldo disponible.

-Emplee Aplicaciones Bancarias: Muchos bancos ofrecen aplicaciones que le permiten consultar su saldo en tiempo real y configurar alertas para prevenir sobregiros.

Cargos Bancarios

Los bancos suelen imponer tarifas por diversos servicios, como mantenimiento de cuenta, retiros en cajeros automáticos de otros bancos y transferencias. Aquí tiene algunas estrategias para evitar estos cargos:

-Seleccione el Banco Adecuado: Busque una entidad bancaria que ofrezca cuentas con tarifas bajas o exentas de cargos.

-Use Cajeros de su Banco: Evite las tarifas por retirar efectivo en cajeros automáticos de otras entidades bancarias.

-Configure Notificaciones: Active alertas en su cuenta para recibir avisos cuando su saldo esté bajo o se realicen retiros considerables.

-Examine el Contrato: Asegúrese de comprender los términos y condiciones de su cuenta bancaria para evitar sorpresas desagradables.

Las herramientas financieras que nos ofrecen los bancos resultan sumamente valiosas, pero como en todo, es esencial saber utilizarlas eficazmente. Mantener un registro detallado de sus transacciones, evitar sobregiros y comprender las tarifas son prácticas fundamentales para optimizar el control de sus finanzas y prevenir gastos innecesarios asociados a los servicios bancarios.

CAPÍTULO 5:
TARJETAS DE CRÉDITO

¿Qué son las tarjetas de crédito?

Las tarjetas de crédito son herramientas financieras que le permiten realizar compras y pagar bienes y servicios sobre la base de un crédito preestablecido.

En lugar de utilizar efectivo, puede usar la tarjeta para realizar transacciones, y la entidad emisora le otorga un límite de gasto mensual basado en su historial crediticio y situación financiera.

¿Cómo funcionan las tarjetas de crédito?

Para entender cómo funcionan las tarjetas de crédito es necesario tener muy claros estos conceptos en los que se basan las mismas:

- Límite de crédito:

La entidad emisora establece un límite de crédito, que es la cantidad máxima que puede gastar con la tarjeta.

- Realizar compras:

Puede usar la tarjeta para comprar bienes y servicios en establecimientos o en línea. ¡Es como tener un pequeño préstamo disponible instantáneamente!

-Fecha de corte:

La fecha de corte es el día en que finaliza el ciclo de facturación. Todas las transacciones realizadas hasta esta fecha se reflejarán en el próximo estado de cuenta, marcando el inicio del siguiente ciclo de 30 días.

- Estado de cuenta mensual:

La entidad emisora envía un estado de cuenta mensual que detalla sus transacciones, el saldo actual y la fecha de pago.

-Fecha de pago:

Es el día límite para realizar el pago del saldo total o del pago mínimo. Pagar el saldo total antes de esta fecha evita cargos extras e intereses.

-Pago mínimo o total:

Tiene la opción de pagar el saldo total o un pago mínimo. Pagar el saldo total evita intereses, mientras que el pago mínimo incurre en cargos por intereses sobre el saldo restante.

Consejos prácticos para el uso responsable de las tarjetas de crédito

Conozca su límite:

Entienda su límite de crédito y mantenga un registro de sus gastos para no excederlo.

Pago a tiempo:

Asegúrese de saldar el monto total antes de la **fecha de pago** para evitar cargos por intereses, los cuales pueden ser considerablemente más elevados que los asociados a créditos adquiridos de manera convencional. Tenga presente que al dejar pendiente el saldo o realizar únicamente el pago mínimo en su tarjeta de crédito, se formaliza un préstamo con todas sus características, lo que implica cargos extras administrativos y la acumulación de intereses, aumentando así la cantidad total que deberá abonar el siguiente mes.

Evite el pago mínimo:

Pagar solo el mínimo puede llevarlo a una deuda acumulativa con altos intereses, lo que conocemos como "una bola de nieve". Intente siempre pagar el saldo total para así aprovechar las ventajas que le ofrece la tarjeta de crédito.

Utilice el crédito con sabiduría:

No utilice su tarjeta para gastos impulsivos o no esenciales. Resérvela para compras planificadas y necesidades reales.

Revise su estado de cuenta:

Examine mensualmente su estado de cuenta para detectar posibles errores o transacciones no autorizadas.

Construya su historial crediticio:

Un buen uso de la tarjeta puede mejorar su historial crediticio, lo que es valioso para futuras solicitudes de crédito.

Ejemplo Práctico:

Supongamos que tiene una tarjeta de crédito con un límite de $1,000. Hace compras por $500 durante el mes. Si paga el monto total antes de la fecha de vencimiento, no pagará intereses. Pero si decide pagar solo el mínimo, digamos $25, se acumularán intereses sobre los $475 restantes, además de cargos extras administrativos por formalización del crédito.

En resumen, las tarjetas de crédito pueden brindar beneficios significativos cuando se utilizan con responsabilidad. Muchas de ellas ofrecen ventajas exclusivas, como descuentos, reembolso en efectivo por compras y acumulación de millas, entre otros. Además, contribuyen a la construcción de un historial crediticio positivo para el titular de la tarjeta, respaldándolo como un solicitante de crédito confiable en el futuro. Sin embargo, es crucial destacar que el uso irresponsable de estas tarjetas podría convertirse en una verdadera pesadilla financiera para aquellos que no gestionan adecuadamente sus gastos, es decir, cualquiera que viva gastando más dinero de lo que le es posible ingresar.

CAPÍTULO 6:

CÁLCULOS DE PORCENTAJES BÁSICOS:

"No se trata de dinero o conexiones. Es la voluntad de trabajar y aprender más que todos".

(Mark Cuban)

Entendiendo el Concepto de Porcentaje y su Utilidad

Un porcentaje es una forma de representar una cantidad en relación con un total de 100 partes. Es una herramienta conveniente para expresar proporciones y comparar cantidades. En su día a día, los porcentajes se emplean para describir descuentos, tasas de interés, incrementos de precios, inflación, y mucho más.

Aplicaciones prácticas de los Porcentajes, Cálculo de descuentos, aumentos y tasas de interés:

Descuentos

Si una tienda ofrece un descuento del 20% (20÷100 = 0.20) en un artículo que cuesta $140, calcular el precio de venta es sencillo. Multiplique $140 por el 20% (0.20), lo que le da un descuento de $28. El precio de venta será: $140 - $28 = $112.

Incrementos de Precios

Si un producto tiene un costo de $50 y su precio sube un 10%, puede calcular el nuevo precio multiplicando $50 por el 10% (0.10), lo que resulta en un aumento de $5. El nuevo precio será: $50 + $5 = $55.

Tasas de Interés

Los porcentajes son cruciales en las tasas de interés. Si tiene un préstamo con un interés del 5%, esto significa que pagará el 5% del saldo pendiente como interés <u>cada año</u>.

Otro ejemplo, supongamos que tiene una inversión de $2000 con una tasa de interés del 8%. Al final del año habrá ganado: **$2,000 × 8% (0.08) = $160** de intereses.

Los porcentajes son herramientas poderosas que le permiten comprender y tomar decisiones financieras en su vida cotidiana. Ya sea para calcular descuentos, incrementos de precios o tasas de interés, los porcentajes le ayudan a gestionar las matemáticas financieras con facilidad y tomar decisiones informadas sobre sus finanzas personales.

CAPÍTULO 7:

INVERSIONES Y RETORNO DE LA INVERSIÓN

"No se trata de cuánto dinero ganas, sino cuánto te queda, qué tan duro trabaja para ti y por cuántas generaciones te quedará".

(Robert Kiyosaki)

¿Qué Implica una Inversión?

Una inversión implica poner su dinero en activos con la esperanza de que crezca con el tiempo. Estos activos pueden abarcar acciones, bonos, bienes raíces, empresas o incluso su propia educación. La inversión es una forma de hacer que su dinero trabaje para usted en lugar de simplemente guardarlo en una cuenta bancaria.

Objetivos de una Inversión

Crecimiento del Capital

Buscan que su dinero crezca con el tiempo, lo que puede financiar metas a largo plazo, como la jubilación.

Ingresos Pasivos

Algunos desean generar ingresos regulares mediante inversiones, como alquileres de bienes raíces o dividendos de acciones.

Diversificación

La inversión puede ayudar a dispersar el riesgo al invertir en distintos tipos de activos.

Cálculo del Rendimiento de Inversión (ROI)

El ROI, o Rendimiento de Inversión, es una métrica que indica cuánto ganó o perdió en una inversión en relación con la cantidad inicial invertida. Se expresa como un porcentaje y es una medida esencial para evaluar el desempeño de sus inversiones.

Fórmula del ROI

La fórmula básica para calcular el ROI es:

$$ROI = \left(\frac{Ganancia\ Obtenida}{Inversión\ Inicial} \right) X\ 100$$

Por ejemplo, si invierte \$1,000 en acciones y al cabo de un año tiene \$1,200, su ganancia es de \$200. Su ROI sería:

$$ROI = \left(\frac{\$\ 200}{\$\ 1000} \right) X\ 100 = 20\%$$

Esto significa que obtuvo un ROI del 20% en su inversión. Como norma general, un buen ROI suele ser mayor al 7%, esto dependerá de cada caso específico

Veamos otro ejemplo relacionado a bienes raíces, supongamos que está pensando en comparar una casa que cuesta $90000, y su precio de alquiler mensual ronda los $600 como mínimo (unos $7200 al año), para calcular si sería una buena inversión solo tenemos que aplicar la misma fórmula, tomando en cuenta el ingreso en alquiler anual:

$$ROI = \left(\frac{\$\,7200}{\$\,90000} \right) X\ 100 = 8\%$$

Esto quiere decir que obtendría un rendimiento de inversión del 8% anual, nada mal si cuenta con el capital de inversión, en caso de necesitar financiamiento, este porcentaje de retorno apenas y permite cierta maniobra sacrificando ganancias durante algunos años mientras paga la deuda.

Diversificación y Gestión del Riesgo en Inversiones

Diversificación:

Diversificar implica distribuir su dinero en distintos tipos de activos para reducir el riesgo. En lugar de invertir todo en un único activo, puede tener una cartera que incluya acciones, bonos y bienes raíces. Si una inversión enfrenta problemas, las otras pueden compensar las pérdidas.

Riesgo en Inversiones

Todas las inversiones conllevan un cierto nivel de riesgo. El riesgo representa la posibilidad de no obtener el rendimiento esperado o incluso perder dinero. Las inversiones más riesgosas, como las acciones, tienen un potencial de rendimiento más alto, pero también un mayor riesgo de pérdida. Las inversiones más seguras, como los bonos (de los que hablaremos más adelante), presentan menos riesgo, pero ofrecen un rendimiento potencialmente más bajo.

La gestión del riesgo es fundamental para alcanzar el éxito en las inversiones. Diversificar y comprender sus propios límites de riesgo son pasos cruciales para tomar decisiones financieras inteligentes.

CAPÍTULO 8:

MERCADO DE VALORES

"El mercado de valores es un dispositivo para transferir dinero del impaciente al paciente".

(Warren Buffett)

El Motor del Mercado de Valores: Oferta y Demanda

El valor de las acciones en el mercado de valores se encuentra en constante movimiento, éste es impulsado por las fuerzas de la oferta y la demanda. Si más inversores desean comprar una acción de las que están disponibles, su precio subirá. Por el contrario, si abundan más vendedores que compradores, el precio experimentará una caída.

Influencias Sobre los Precios de las Acciones

Los precios de las acciones pueden ser influenciados por diversos factores tales como:

Noticias Económicas y Políticas

Anuncios relacionados con la economía, decisiones políticas y eventos globales pueden moldear la confianza de los inversores y, por lo tanto, impactar los precios de las acciones.

Desempeño Empresarial

Informes de las ganancias, novedades sobre los productos y cambios en la dirección de una empresa pueden ejercer un efecto significativo en el valor de sus acciones.

Sentimiento del Mercado

En ocasiones, los inversores actúan motivados por emociones, como el temor o la euforia de lo que está pasando en el sector específico, lo que puede ocasionar movimientos abruptos en los precios.

La Figura del Corredor de Bolsa o 'Broker'

¿Qué es un Corredor de Bolsa?

Un corredor de bolsa, comúnmente llamado 'broker', puede ser una entidad, página web, o intermediario financiero que facilita la compra y venta de activos en diversos mercados de valores. Estos activos comprenden acciones, bonos, opciones, futuros y otros instrumentos financieros. Su 'broker' se convierte en su mano derecha al invertir en activos, ofreciéndole acceso a los mercados financieros, asesoramiento en inversiones y una ejecución eficiente de transacciones. Además, puede proporcionarle servicios adicionales como análisis de mercado, investigación de inversiones y servicios de custodia. Es fundamental comparar y obtener reseñas confiables antes de invertir con un broker desconocido, debido a las variaciones en los costos por estos servicios y la legitimidad del servicio.

Inversión Segura en Acciones

Una vía segura para invertir en acciones es adoptar un enfoque a largo plazo. En lugar de intentar prever las fluctuaciones a corto plazo del mercado, considere la posibilidad de invertir en empresas sólidas con fundamentos robustos y mantener esas inversiones durante varios años. Este enfoque le permite sortear la volatilidad del mercado y capitalizar el crecimiento a largo plazo.

La Diversificación

Como he mencionado en capítulos anteriores, la diversificación es esencial. No coloque la totalidad de su capital en una única acción o sector. En su lugar, cree una cartera diversificada que englobe una variedad de acciones de diferentes industrias y sectores.

Educación Financiera

La educación financiera constituye su mejor defensa contra inversiones riesgosas. Antes de invertir en acciones, asegúrese de comprender el funcionamiento del mercado de valores, cómo evaluar acciones y cómo administrar su cartera. Leer este libro es un buen punto de partida. Investigue a profundidad cómo invertir en mercados de valores de manera segura y las ventajas que ofrecen distintos brokers antes de tomar decisiones financieras sólidas.

Manténgase bien Informado

Infórmese mediante medios de confianza, acerca de temas de economía y finanzas, las crisis y oportunidades de los sectores productivos se pueden leer entre líneas dedicando un par de horas a la semana a ver o leer noticias.

Identificación de Esquemas Ponzi y Fraudes

Lamentablemente, en el mundo financiero existen estafadores que intentan aprovecharse de los inversores. Algunas estafas comunes incluyen:

Esquemas Ponzi

Estos esquemas son conocidos también como estafas piramidales. A menudo, prometen rendimientos extraordinarios y utilizan el dinero de nuevos inversores para pagar a los anteriores. Si se encuentra en una situación en la que no le queda muy claro cómo se generan las grandes ganancias prometidas, y el negocio en sí no es transparente del todo, además de enfrentar una fuerte presión para involucrar a más inversores, a veces con un tono casi evangelizador, es probable que esté frente a uno de estos esquemas. Lamentablemente, estos "negocios" colapsan eventualmente, y los inversores suelen perder la totalidad de su capital invertido.

Acciones sin Valor a Precios Bajos

A veces, se comercializan acciones de empresas ficticias o sin valor real. Los estafadores prometen ganancias asombrosas y luego desaparecen.

¿Cómo Protegerse ante posibles estafas?

Para resguardarse de estas estafas, siga estos consejos:

Investigue Antes de Invertir

Verifique la autenticidad de la empresa y su oferta antes de comprometer sus fondos, recuerde que es de vital importancia en cualquier inversión que realice entender al 100% la inversión como tal, me refiero al cómo y de dónde sale el capital.

Mantenga un Escepticismo Saludable

Si una oportunidad parece demasiado buena para ser cierta, tal vez si lo sea. Reflexione y analice con detenimiento la letra pequeña del negocio en concreto.

No se deje Presionar para Invertir

Tómese el tiempo necesario para tomar decisiones financieras bien fundamentadas. Ignore a aquellos que intenten apresurarlo a invertir en algo que no comprende completamente o en lo que tenga alguna duda.

El mercado de valores puede ser un motor poderoso para el crecimiento de su patrimonio, pero conlleva riesgos. Al invertir con precaución, a largo plazo y con conocimiento, puede aprovechar sus beneficios mientras evita las trampas y estafas que acechan en el ámbito financiero.

CAPÍTULO 9:

OPCIONES SOBRE ACCIONES Y DERIVADOS

*"El hombre que sabe gastar y ahorrar es el más feliz,
porque disfruta de ambas cosas".*

(Samuel Johnson)

¿Qué es una Opción sobre Acciones?

Una opción sobre acciones es un contrato financiero que le otorga a usted el derecho, pero no la obligación, de comprar o vender acciones a un precio predeterminado en una fecha futura.

Precio de Ejercicio y Fecha de Vencimiento

Cada opción posee un precio de ejercicio (el costo al que puede comprar o vender las acciones) y una fecha de vencimiento (cuando expira el contrato).

Existen dos tipos principales de opciones:

Opción de Compra (Call Option)

Esta opción le da el derecho de comprar acciones a precio de ejercicio en el futuro, lo que puede ser beneficioso si usted anticipa que el precio de las acciones aumentará. Por ejemplo, si adquiere una opción de compra de Apple a un precio de ejercicio de $150 y el precio de las acciones de Apple se eleva a $170 antes de la fecha de vencimiento, puede ejercer la opción, comprar las acciones a $150 y luego venderlas a $170, generando una ganancia.

Opción de Venta (Put Option)

Esta opción le otorga el derecho de vender acciones a precio de ejercicio en el futuro, lo que puede ser útil si usted cree que el precio de las acciones disminuirá, por ejemplo, supongamos que conservó las acciones de Apple ahora con un precio de ejercicio de $170 y usted cree que las acciones van a bajar de valor el próximo mes, entonces compra una opción de venta de las acciones, y si estas realmente bajan puede venderlas a precio de ejercicio y ganar la diferencia, si por el contrario suben de precio de nuevo, no ejerce la opción de venta y solo perderá la prima por la compra de la opción de venta.

Este es solo un vistazo al tema, que podría llenar todo un libro sobre estrategias de opciones sobre acciones y mercado de valores. Si usted está interesado en dedicarse o invertir en esta área, le recomiendo investigar y sumergirse en información adicional, ya que mi objetivo con este libro no es profundizar en estos temas en detalle, sino dar una idea al lector de lo que se tratan.

CAPÍTULO 10:

SEGUROS FINANCIEROS

"Los seguros son como los frenos de un coche. No estás planeando usarlos, pero te sientes mucho más seguro sabiendo que los tienes".

(Anónimo)

Los seguros son pactos que le brindan resguardo económico ante imprevistos. Su propósito es auxiliarle a prevenir pérdidas financieras significativas en circunstancias como enfermedades, accidentes, despojo de propiedades e incluso la muerte.

Tipos de seguros:

-**Seguro de Salud:** Provee cobertura a los gastos médicos en caso de enfermedad o lesiones.

-**Seguro de Vida:** Garantiza una suma de dinero a sus beneficiarios al ocurrir su fallecimiento.

-**Seguro de Automóvil:** Resguarda ante las eventualidades de accidentes automovilísticos.

-**Seguro de Hogar:** Salvaguarda su vivienda y posesiones contra daños y pérdidas.

-**Seguro de Incapacidad:** Suministra ingresos si se incapacita y no puede laborar debido a una discapacidad.

-Seguro de Responsabilidad Civil: Le resguarda frente a demandas legales por lesiones o daños causados a terceros.

¿Cómo elegir un seguro adecuado?

Antes de tomar una decisión respecto a un seguro, reflexione sobre su situación personal y económica. Hágase las siguientes preguntas:

¿Qué riesgos enfrenta? Por ejemplo, si tiene una familia que depende de sus ingresos, el seguro de vida puede ser una necesidad imperante.

¿Cuánto puede destinar a las primas del seguro? No ponga en riesgo su estabilidad financiera eligiendo una póliza fuera de su alcance.

¿Qué nivel de cobertura requiere? Calcule cuánta protección necesita para sentirse confiado y asegurado.

Compare Opciones y Obtenga Cotizaciones

No se limite a aceptar la primera oferta que le presenten. Compare las propuestas de diversas compañías de seguros y solicite cotizaciones. Esto le permitirá hallar la mejor combinación entre calidad y precio, así como la cobertura apropiada.

Consulta a un asesor de seguros

Si se siente abrumado por la cantidad de opciones, considere dialogar con un asesor en seguros. Ellos pueden colaborar con usted para evaluar sus necesidades y descubrir la póliza que mejor se ajusta a usted.

Cláusulas importantes a tener en cuenta

Antes de estampar su firma en un contrato de seguro, es imperativo revisar en detalle todas las cláusulas. Algunas de las cláusulas cruciales que debe tener en cuenta son:

-El Deducible: La suma que debe aportar de su bolsillo antes de que el seguro entre en acción.

-Límites de Cobertura: El tope máximo que la compañía de seguros pagará en caso de un siniestro.

-Período de Espera: Algunos seguros tienen un período de espera antes de entrar en vigor.

-Exclusiones: Situaciones o condiciones que no están cubiertas por el seguro.

-Primas y Pagos: Asegúrese de comprender cuánto debe abonar y cuándo debe hacerlo.

Los seguros financieros conforman un componente esencial de su estabilidad financiera. Pueden otorgarle tranquilidad y salvaguardia ante circunstancias imprevistas. Al optar por el seguro apropiado y dominar las cláusulas relevantes, está adoptando medidas para proteger su futuro económico y el de sus seres queridos.

CAPÍTULO 11:

FONDOS DE INVERSIÓN Y FONDOS DE PENSIÓN

"No me digas dónde están tus prioridades. Muéstrame dónde gastas tu dinero y te diré cuáles son".

(James W. Frick)

¿Qué son los fondos de inversión?

Los fondos de inversión son un vehículo colectivo en el cual varios inversionistas ponen sus recursos en un fondo común dirigido por expertos financieros. Estos profesionales destinan los fondos en una diversa cartera de activos, como acciones, bonos y otros instrumentos financieros.

Diversificación y Dirección Experimentada

Una de las primordiales virtudes de los fondos de inversión radica en la diversificación. Como inversor, obtiene una porción proporcional de la cartera del fondo, lo que significa que su capital se esparce en distintos activos y compañías. Además, estos fondos están bajo la tutela de profesionales financieros que toman decisiones de inversión en su nombre.

Compartiendo Beneficios y Pérdidas

Al invertir en un fondo, comparte los beneficios y las pérdidas con otros inversionistas. Esto supone que el riesgo no recae enteramente en usted, lo que puede ser especialmente útil para principiantes o aquellos que no deseen gestionar activamente sus inversiones.

Ventajas y desventajas de los fondos de inversión

Ventajas de los Fondos de Inversión

-Diversidad: Adquiere una diversificada cartera de activos sin necesidad de adquirirlos individualmente.

-Pericia Profesional: Los administradores de fondos poseen experiencia en la elección de inversiones.

-Accesibilidad: Los fondos de inversión permiten a inversores individuales acceder a una variedad de activos que de otro modo serían difíciles de alcanzar.

-Liquidez: En la mayoría de los casos, puede comprar o vender sus participaciones en un fondo de inversión diariamente.

Desventajas de los Fondos de Inversión

-Cargos y Comisiones: Los fondos pueden conllevar tarifas de gestión y otros gastos que debe tener en cuenta.

-Pérdida de Control Individual: No ejerce control directo sobre las inversiones del fondo.

-Rendimiento Variable: El desempeño de un fondo de inversión puede fluctuar y no garantiza ganancias.

Importancia de los fondos de pensión privados

Los fondos de pensiones privados desempeñan un papel central en la planificación de la jubilación. Estos fondos le habilitan a ahorrar e invertir durante su vida laboral para asegurar ingresos suficientes al momento de retirarse.

Beneficios Fiscales y Contribuciones Empresariales

Varios fondos de pensiones privados proporcionan ventajas fiscales (no pagan impuestos, ni renta), lo que significa que puede obtener beneficios impositivos al contribuir en ellos. Además, algunos empleadores igualan las contribuciones de los empleados a estos fondos, incrementando así sus ahorros.

Seguridad Financiera en la Jubilación

Al contribuir regularmente a un fondo de pensiones privado, construye un colchón financiero para su jubilación. Esto le concede estabilidad financiera y le autoriza a mantener su calidad de vida tras culminar su etapa laboral.

En resumen, los fondos de inversión presentan una vía efectiva para administrar su dinero, con la ventaja de la diversificación y el juicio experto. A su vez, los fondos de pensiones privados juegan un papel determinante en la planificación de la jubilación, otorgando seguridad financiera y ventajas fiscales. Mediante la comprensión y aprovechamiento de estos instrumentos financieros, está cimentando un futuro económico más sólido.

CAPÍTULO 12:

BONOS Y SUS TASAS DE INTERÉS:

"Un hecho simple que es difícil de aprender es que el momento de ahorrar dinero es cuando lo tienes".

(Joe Moore)

Qué son los bonos y cómo funcionan

Un bono es un certificado de deuda que emiten ya sea los gobiernos, empresas y otras entidades para captar recursos financieros. Este instrumento financiero posee un valor nominal (el principal) y una tasa de interés, que puede ser fija o variable. Cuando usted adquiere un bono, está efectivamente prestando su dinero al emisor a cambio de pagos de intereses regulares, y al llegar al vencimiento, el emisor le reembolsa el principal.

Factores que Modelan los Precios de los Bonos

Evaluación de la Calificación Crediticia del Emisor

La calificación crediticia del emisor impacta la demanda y, por consiguiente, el precio de los bonos. Los bonos emitidos por entidades con una calificación crediticia sólida son más atractivos para los inversionistas y, por tanto, suelen poseer precios más elevados.

El Plazo de los Bonos

La madurez de un bono, o sea, el tiempo restante hasta su vencimiento, también ejerce influencia en su precio. Los bonos a largo plazo generalmente exhiben mayor sensibilidad a las variaciones en las tasas de interés en comparación con sus homólogos a corto plazo.

El Impacto de las Tasas de Interés en los Bonos

Hay una relación inversa entre las tasas de interés y los precios de los bonos que implica que cuando las tasas de interés aumentan, los bonos ya existentes, con tasas más bajas, pierden atractivo en contraposición a los nuevos bonos con tasas más elevadas. Como resultado, los precios de los bonos existentes decrecen en el mercado secundario si se decide vender antes del vencimiento.

Un Ejemplo Práctico:

Supongamos que adquiere un bono de $1,000 con una tasa de interés del 3%. Esto se traduce en $30 de intereses anuales. Si las tasas de interés en el mercado ascienden al 4%, los nuevos bonos empiezan a entregar $40 en intereses por cada $1,000 invertidos. Como consecuencia, su bono con una tasa del 3% se torna menos atractivo en el mercado secundario, y su precio podría disminuir si decide venderlo antes del vencimiento.

Resumidamente, los bonos son herramientas de inversión que posibilitan la participación en la deuda emitida por gobiernos o empresas. Sus precios y valores están influidos por varios factores, incluyendo las tasas de interés y la evaluación crediticia del emisor. Es crucial comprender la mecánica de los bonos y cómo las tasas de interés pueden moldear su valor al contemplarlos en su cartera de inversiones.

CAPÍTULO 13:

LA MONEDA MUNDIAL: DEL DOMINIO DEL DÓLAR HASTA EL ALCANCE DE LAS CRIPTOMONEDAS

"La forma más rápida de duplicar su dinero es doblarlo por la mitad y guardarlo en su bolsillo trasero".

(Will Rogers)

En este capítulo, explicaremos el concepto de moneda mundial y una breve historia, examinaremos la relevancia del dólar estadounidense en la economía global y veremos las perspectivas futuras de las monedas digitales, incluyendo el fenómeno del bitcoin y la innovadora tecnología blockchain.

Concepto de la Moneda Mundial y su Travesía a lo Largo de la Historia

La Moneda Mundial: ¿Qué Significa?

Una moneda mundial es aquella aceptada a nivel internacional para llevar a cabo transacciones comerciales y financieras entre diferentes naciones. A lo largo de la historia, diversas monedas han ocupado este rol en distintos momentos, incluyendo metales preciosos como el oro y la plata.

El Patrón Oro

En tiempos pasados, el patrón oro marcó un sistema en el cual las monedas nacionales estaban respaldadas por reservas equivalentes de oro. Este sistema facilitaba la convertibilidad de las monedas y establecía, de facto, una moneda mundial basada en el oro. De este modo lo fue incluso el dólar estadounidense, hasta que llego el punto en que ya no había una correlación entre la cantidad de oro acumulada y el capital emitido por la reserva federal. Para respaldar efectivamente la cantidad de riqueza que se requería, se tuvo que ligar el precio de las monedas a otros bienes tangibles tales como el petróleo y materias primas.

El dólar estadounidense en el Escenario Económico Global

A partir de la Segunda Guerra Mundial, el dólar estadounidense se ha establecido como la principal moneda de reserva a nivel global. Esto implica que numerosos países mantienen considerables reservas de dólares en sus bancos centrales y efectúan transacciones internacionales utilizando esta divisa.

El dólar goza de estabilidad política y económica respaldada por la solidez de la economía estadounidense. Esto lo convierte en una elección atractiva para las naciones que buscan preservar la estabilidad en sus propias reservas de divisas.

Visualizando las Perspectivas Futuras de las Monedas Digitales

En tiempos recientes, las monedas digitales, también conocidas como criptomonedas, han experimentado un impresionante auge en su popularidad. Estas representan formas electrónicas de dinero que no están respaldadas por ningún gobierno o banco central, siendo el bitcoin uno de los ejemplos más destacados.

Ventajas Intrínsecas de las Monedas Digitales

Las monedas digitales ofrecen ventajas sobresalientes, como la velocidad y facilidad en las transacciones internacionales, así como la eliminación de intermediarios. Además, algunas personas las consideran una alternativa en la reserva de valor.

La Tecnología Blockchain: La Base Fundamental

Para comprender completamente la naturaleza de las criptomonedas, es esencial tener un sólido entendimiento del concepto de tecnología blockchain, que en esencia es una base de datos, la cual garantiza la seguridad y la integridad de los datos que resguardan.

Características Clave de la Blockchain:

-**Descentralización:** La blockchain es una base de datos distribuida en múltiples nodos de una red (alrededor de la internet y no en un único servidor). Esto significa que no está bajo el control de una entidad central, lo que la hace altamente resistente a la manipulación y a la corrupción de datos (hackeo).

-**Inmutabilidad:** Una vez que los datos se registran en un bloque de la cadena, es extremadamente difícil o prácticamente imposible alterarlos. Cada nuevo bloque se enlaza con el anterior, creando una cadena secuencial de registros.

-**Seguridad Criptográfica:** La información en un bloque se asegura mediante algoritmos criptográficos avanzados. Esto garantiza la integridad y la autenticidad de los datos.

-**Amplio Espectro de Aplicaciones:** La blockchain se emplea en diversas industrias, desde finanzas y cadenas de suministro hasta atención médica y votación electrónica, gracias a su capacidad para crear registros confiables, transparentes e inalterables.

-Tokenización: La tokenización implica la conversión de un activo en unidades digitales o tokens hacia una cadena de bloques (blockchain). Cada token representa una fracción de ese activo, este token a su vez puede tener un valor intrínseco en el mundo financiero. La tokenización se relaciona comúnmente con criptomonedas como Bitcoin y Ethereum, que utilizan la blockchain como base de datos para la creación y transferencia de activos digitales. Además, se puede aplicar para respaldar una amplia variedad de activos, como propiedades, obras de arte, acciones, bonos de deuda y mucho más.

Bitcoin: El Innovador de las Criptomonedas

Bitcoin, la pionera en el mundo de las criptomonedas, hizo su debut en 2009 y emplea la tecnología blockchain para registrar y autenticar todas las transacciones de manera descentralizada y altamente segura. Presenta notables características que la vuelven atractiva, y hoy en día se le considera una reserva de valor comparable al oro. Su característica más sobresaliente es su oferta limitada: se establece un tope máximo de 21 millones de Bitcoins, convirtiéndola así en una moneda deflacionaria. Esta cualidad ejerce una influencia directa en su valor, lo que ha ocasionado que experimente una notable volatilidad en los últimos años.

En 2019, Bitcoin pasó de cotizar a unos $3,000 dólares por unidad, hasta alcanzar un punto máximo de $60,000 dólares en 2021, para luego descender hasta aproximadamente los $20,000 dólares en 2023. Esta volatilidad se debe en parte a su uso especulativo por parte de inversores que compran y venden con el fin de obtener ganancias, aprovechando la incertidumbre en los mercados, la difusión de noticias engañosas y la falta de conocimiento general sobre este producto financiero innovador.

Si bien hay mucho más que explorar y discutir acerca de Bitcoin y sus criptomonedas hermanas (las altcoins), el enfoque de este libro está limitado a la explicación de conceptos clave. Sin embargo, quiero enfatizar la importancia de mantener un ojo atento en esta tecnología. Como profesional en el campo de la tecnología y emprendedor, considero que tarde o temprano, ya sea Bitcoin, las CBDC (Monedas Digitales de Bancos Centrales, de las que hablaré seguidamente) o incluso una combinación de ambas, se convertirán en la norma del futuro en cuanto a métodos de pago y gestión de capitales. La necesidad de la población mundial hacia una mayor eficiencia en la gestión de capitales y transacciones globales, juega un papel importante para convertir estos métodos de pago en un elemento fundamental en la evolución financiera. Esto claro, es una opinión personal.

Las CBDC: La Respuesta de los Gobiernos Centrales ante la Digitalización de las Monedas

Gobiernos de todo el mundo están reconociendo el potencial de la era digital, y el auge del bitcoin los ha tomado por sorpresa. En respuesta a esta nueva necesidad que está emergiendo en la población mundial, se están desarrollando las monedas digitales emitidas por bancos centrales o CBDC (Central Bank Digital Currencies). De acuerdo con el Atlantic Council, más de 114 países, que representan más del 95% del PIB mundial, muestran interés en implementar este tipo de monedas digitales. Es importante destacar que sólo 32 países se encuentran en la fase de desarrollo de estas monedas, utilizando la tecnología blockchain. Esto subraya un compromiso claro con la necesidad de digitalizar la economía global.

En resumen, la moneda mundial ha experimentado una evolución a lo largo de la historia. La tecnología blockchain promete transformar diversos aspectos de la economía y la sociedad en el futuro, las monedas digitales, lideradas por el bitcoin y las altcoins, representan una nueva posibilidad de cara a las futuras transacciones financieras.

REFLEXIONES FINALES:

"Debes controlar tu dinero o la falta de él te controlará para siempre".

(Dave Ramsey)

A lo largo de este libro, hemos explorado una variedad de conceptos financieros escogidos para proporcionarle una base sólida en el mundo de las finanzas, y así poder utilizar su dinero de manera más efectiva.

La Importancia de la Educación Financiera Continua

La educación financiera es un viaje que nunca termina. A medida que avanza en su vida y enfrenta nuevas situaciones financieras, aprender y adaptarse es esencial. Las decisiones financieras impactan directamente en su patrimonio y calidad de vida, la ignorancia financiera suele ser costosa.

Tome Decisiones Financieras Informadas

Le invito a tomar las riendas de su futuro financiero. Con los conocimientos adquiridos en este libro, tiene las herramientas necesarias para tomar decisiones financieras informadas y efectivas. Ya sea administrando su deuda de manera inteligente, invirtiendo sabiamente para el futuro o protegiendo su patrimonio con seguros adecuados, tiene el poder de dar forma a su destino financiero.

Recuerde que la educación financiera es un recurso valioso que lo acompaña a lo largo de toda la vida. Continúe aprendiendo, busque asesoramiento cuando sea necesario y, sobre todo, tome el control de su futuro financiero. Cada decisión que toma hoy tendrá un impacto en su futuro, ya sea grande o pequeño, por lo que nunca deje de mantenerse al tanto de las novedades y noticias del sistema financiero, ya que esto será fundamental para mejorar su calidad de vida.

ACERCA DEL AUTOR

Juan Manuel Hidalgo Durán

De nacionalidad costarricense, licenciado de la escuela de Animación Digital de la universidad Veritas, con experiencia en marketing digital, edición de video y diseño gráfico, emprendedor en el área pecuaria y bienes raíces, cuyo enfoque principal es el desarrollo sostenible en la zona de Guanacaste.

La motivación detrás de esta publicación radica en el deseo de proporcionar conocimientos adicionales sobre inversiones y mecanismos financieros, a cualquier persona que desee tomar decisiones financieras más acertadas y fortalecer sus habilidades de negociación al adquirir productos financieros.